Conoce tu Biblia

Conoce tu Biblia

❧

UNA INTRODUCCIÓN A LA PALABRA DE DIOS

Allen W. Baker

Publicado por AWBaker Ministries

Conoce tu Biblia
Una introducción a la Palabra de Dios

AWBaker Ministries
P. O. Box 157
Centerton, AR, USA 72719

Primera impresión, 2024

Contenido

1

Introducción

La Biblia que usamos hoy es el producto de muchos siglos de escritura, recopilación y traducción de la historia y los escritos del pueblo hebreo, además de los escritos de los autores del Nuevo Testamento. Es la pieza central de todas las iglesias cristianas y es tenida en alta estima por todos los cristianos, pero también es un libro imponente y puede ser un desafío leerlo y estudiarlo. En este estudio, examinaremos la Biblia desde diferentes perspectivas, como la afirmación de ser la Palabra inspirada de Dios, su organización y estructura, su historia, su línea argumental y su traducción al idioma inglés y español.

A medida que leas este estudio, tómate el tiempo para buscar las referencias bíblicas y responder las preguntas para discutir. Las preguntas para discutir y las preguntas que surjan sobre el material que se presenta serán el enfoque principal de nuestras reuniones grupales.

Las citas bíblicas presentadas en este estudio pertenecen a la versión de la Biblia Reina Valera 1960.

2

～

¿Qué es la Biblia?

La Biblia, también conocida como la Santa Biblia o las Sagradas Escrituras, ocupa un lugar importante en todas las iglesias cristianas. A veces se la denomina la "autoridad final para los cristianos en cuanto a la fe y la piedad". Esta afirmación coloca a las Escrituras (el contenido de la Biblia) en una posición que es a la vez desafiante y reconfortante. Pero antes de examinar cómo la Biblia puede ser tan influyente, necesitamos entender cómo cualquier libro puede tener ese tipo de autoridad sobre nosotros. Así que, en primer lugar, examinaremos por qué veneramos la Biblia y le damos tanta autoridad en nuestras iglesias y en nuestras vidas personales.

¿Por qué la biblia está por encima de todos los demás libros sagrados?

Hay muchas razones válidas para tener la Biblia en tan alta estima. Analizaremos varias de estas razones aquí.

LA BIBLIA AFIRMA HABER SIDO INSPIRADA POR DIOS

La palabra "inspirada" en nuestra Biblia en inglés proviene de un término griego que significa "exhalada". Cuando decimos que la Biblia está "inspirada", queremos decir que fue "exhalada por Dios". La misma Biblia afirma estar inspirada en 2 Timoteo 3:16–17:

"Toda la Escritura es inspirada por Dios, y útil para enseñar, para redargüir, para corregir, para instruir en justicia, a fin de que el hombre de Dios sea perfecto, enteramente preparado para toda buena obra".

También lo afirma en 2 Pedro 1:20–21:

"Entendiendo primero esto, que ninguna profecía de la Escritura es de interpretación privada, porque nunca la profecía fue traída por voluntad humana, sino que los santos hombres de Dios hablaron siendo inspirados por el Espíritu Santo".

LA BIBLIA AFIRMA SER LA PALABRA DE DIOS

Si aceptamos la idea de que las palabras de la Biblia fueron inspiradas por Dios mismo y creemos que Dios es verdaderamente el único Dios viviente del universo, entonces todo lo que Él diga debe ser verdad.

Todos los capítulos de Levítico comienzan con: "Llamó Jehová a Moisés, y habló con él...", y continúan de la misma forma capítulo a capítulo. Moisés es simplemente un oyente, un escriba. El orador que se anuncia a sí mismo es Dios.

Los profetas del Antiguo Testamento comenzaban sus mensajes rutinariamente con "Así dice el Señor", dándole a Dios tanto el crédito como la responsabilidad por el mensaje que entregaban.

En el Nuevo Testamento, Jesús se refirió a las Escrituras como provenientes de la "boca de Dios" en Mateo 4:4. El apóstol Pablo elogió a la iglesia de Tesalónica por recibir su mensaje "según es en verdad, la palabra de Dios", en 1 Tesalonicenses 2:13. Y el escritor del libro de Hebreos se refirió a las Escrituras como los "oráculos de Dios" en Hebreos 5:12.

LA BIBLIA ES INERRANTE E INFALIBLE

Dado que la Biblia contiene las mismísimas palabras de Dios Todopoderoso, no solo deben ser verdaderas, sino que no puede haber ningún error en ellas. Eso quiere decir el término "inerrante". Parece una afirmación audaz, pero la Biblia ha demostrado ser inerrante al superar siglos de desafíos e intentos de desacreditarla y probar que contiene errores. Así, nadie ha logrado refutar ninguna parte de la Biblia.

Las palabras de la Biblia también afirman ser completamente verdaderas. Juan 10:35 dice que la Palabra de Dios no puede ser quebrantada, Juan 17:17 y 2 Timoteo 2:15 afirman que la Palabra de Dios es verdad, y Tito 1:2 y Hebreos 6:18 sostienen que Dios no puede mentir.

En 1978, más de 200 destacados líderes de la iglesia publicaron la Declaración de Chicago sobre la Inerrancia Bíblica para contrarrestar la tendencia cada vez más prevalente hacia la teología liberal, la cual se estaba abriendo camino en las iglesias, los institutos bíblicos y los seminarios. Los textos de ese documento están en línea[1] e informan sobre cómo se cuestiona el concepto de inerrancia en la actualidad.

La Biblia también está repleta de profecías sobre cosas que estaban en el futuro pero ya se han cumplido o sobre cosas que aún están por venir. ¡Lo asombroso es que ninguna de las profecías ha fallado! Y dado que todas las profecías hasta ahora se han cumplido a la perfección, podemos decir con confianza que la Biblia es infalible: no ha fallado y no fallará.

LA BIBLIA ES LA REVELACIÓN DE DIOS PARA NOSOTROS

Cuando se piensa detenidamente, la única forma en que conocemos algo sobre Dios es a través de la revelación de Sí mismo para nosotros. No hay manera en la cual podamos buscar y descubrir quién o qué es Dios, excepto a través de lo que Él nos ha dicho sobre Sí mismo. Y lo hace de solo dos maneras. La primera es lo que se conoce como "Revelación General", y se refiere a lo que podemos ver y saber acerca de Dios al examinar la creación, el universo físico que es accesible para nosotros a través de nuestros cinco sentidos. Podemos ver cosas en la Tierra: montañas, océanos, ríos, etc., y las criaturas de la Tierra: peces, aves, animales terrestres e insectos. Podemos examinar el cosmos a través de telescopios y admirar Su obra allí. Y finalmente, podemos examinarnos a nosotros mismos, los seres humanos, y ver la obra maestra de la creación. Todos estos elementos pueden revelar la creatividad de Dios, Su majestad y Su asombrosa atención al detalle. Pero la Revelación Natural no nos dice nada sobre el pecado o la salvación, sobre la moral o sobre los últimos tiempos. Ahí es donde entra la Biblia con lo que se conoce como "Revelación Específica". La Biblia contiene toda la información sobre Dios, la humanidad, el pecado, la salvación, el cielo y el infierno, y los Últimos Tiempos. Con estas dos fuentes, tenemos todo lo que Dios quiere y necesita que sepamos acerca de Él y nuestra relación con Él.

LA BIBLIA HA SIDO VALIDADA POR DESCUBRIMIENTOS ARQUEOLÓGICOS

Una gran parte de la Biblia consiste en relatos históricos del desarrollo y crecimiento de la nación de Israel. Desde sus orígenes en las familias de Abraham, Isaac y Jacob en todo el Antiguo Testamento hasta el nacimiento y desarrollo de la iglesia cristiana en el Nuevo Testamento, la Biblia relata los eventos con gran detalle, con nombres de personas reales y lugares conocidos, relacionándolos con acontecimientos de la historia secular. Y aunque no todos los detalles de la Biblia han sido validados por descubrimientos arqueológicos, **ningún descubrimiento arqueológico ha demostrado que alguno de los relatos históricos de la Biblia sea falso.**

Incluso las autoridades seculares aceptan los relatos históricos de la Biblia. El Instituto Smithsoniano emitió la siguiente declaración para responder a las interrogantes sobre el diluvio descrito en Génesis 6:

> Gran parte de la Biblia, en particular los libros del Antiguo Testamento, son documentos históricos tan precisos como cualquiera que tengamos de la antigüedad y, de hecho, son más precisos que muchas de las historias egipcias, mesopotámicas o griegas. Estos registros bíblicos pueden ser y son utilizados como lo son otros documentos antiguos en la labor arqueológica. En su

mayor parte, los eventos históricos descritos ocurrieron y los pueblos citados realmente existieron.[2]

LA BIBLIA HA SOBREVIVIDO NUMEROSOS INTENTOS DE DESTRUIRLA

No todo el mundo está de acuerdo con la Biblia o con que esta deba ser venerada como lo es por la iglesia cristiana hoy en día. A lo largo de la historia, reyes, emperadores y líderes mundiales corruptos han intentado destruir la Biblia y librar al mundo de su influencia, pero todos fracasaron.

La misma Biblia cuenta la historia de cómo el malvado rey Joacim intentó quemar y destruir oficialmente las Escrituras que tenía en ese momento (en ese entonces había sido escrita solo una parte del Antiguo Testamento). El libro de Jeremías relata sus esfuerzos en el capítulo 36, versículos 23–24.

En el año 175 a.C., el gobernante griego Antíoco Epífanes (sucesor de Alejandro Magno) persiguió al pueblo hebreo e intentó destruir las Escrituras judías. Según se registra en 1 Macabeos 1:56–57 (un libro apócrifo que no se encuentra en la mayoría de las Biblias protestantes), "Destrozaron y quemaron los libros de la ley que encontraron, y si a alguien se le encontraba un libro de la alianza de Dios, o alguno simpatizaba con la ley, se le condenaba a muerte, según el decreto del rey".[3] Flavio Josefo relata en sus Antigüedades judías (12.5.4), "Y si se encontraba algún libro sagrado de la ley, era destruido, y aquellos [judíos] con quienes se encontraban también perecían miserablemente".

El Imperio Romano continuó esta búsqueda en el año 303 d.C. cuando el gobernante romano Valerio Diocleciano inició una severa persecución contra los cristianos e intentó destruir la Biblia.

Todas las asambleas de cristianos fueron prohibidas y se ordenó que las iglesias fueran derribadas. Se emitieron cuatro edictos diferentes, cada uno superando al anterior en intensidad. Un edicto ordenó la quema de cada copia de la Biblia. Esta fue la primera instancia en la historia [cristiana] en que las Escrituras fueron objeto de ataque.[4]

Incluso la Iglesia Católica Romana intentó destruir todas las copias de la Biblia excepto las de la Biblia Vulgata, que estaba oficialmente sancionada. Esto ocurrió a mediados del siglo XVI cuando el Concilio de Trento emitió esta declaración:

La Cuarta Regla del Concilio de Trento estableció que la circulación indiscriminada de las Escrituras en la lengua vernácula común generaría "más daño que bien". Por lo tanto, aquellos que leyeran o poseyeran la Biblia "sin... permiso no pueden recibir la absolución de sus pecados hasta que hayan entregado [las copias de las Escrituras] a la autoridad eclesiástica"[5]

Los nazis, bajo el mando de Adolf Hitler, no se quedaron atrás e intentaron destruir todas las copias de la Biblia Hebrea el 9 de noviembre de 1938, en la Noche de los Cristales Rotos (Kristallnacht).

En el pequeño pueblo de Fritzlar en Hessen, los rollos de la Torá fueron desenrollados a lo largo de la calle Nikolaus mientras las Juventudes Hitlerianas pasaban sobre ellos con sus bicicletas. En Viena, que por entonces ya formaba parte del Reich, los judíos vestidos con las túnicas y decoraciones del Arca fueron obligados a marchar y ser perseguidos por las calles del centro con los rollos de la Torá rasgados atados a sus espaldas. En Frankfurt, los judíos fueron forzados a rasgar la Torá ellos mismos y luego quemarla. En Berlín, los alemanes llevaron los rollos desde la sinagoga de la calle Fasanen hasta la plaza Wittenberg y los quemaron allí. Mientras los rollos de la Torá ardían en el patio de una sinagoga en Düsseldorf, los hombres alemanes bailaban alrededor del fuego, algunos vistiendo las túnicas de los rabinos y cantores.

Preguntas para debatir

1. ¿Cuánto de la Biblia está verdaderamente inspirado, es decir, exhalado por Dios? ¿La inspiración abarca las palabras que leemos hoy en nuestras Biblias en inglés y español? ¿Incluye los nombres de los libros, los números de los capítulos, los encabezados de las secciones, y los números de los versículos?

_____

_____

_____

_____

_____

_____

_____

_____

_____

_____

_____

_____

_____

_____

_____

_____

_____

_____

2. ¿Qué tan cómodo te sientes con la idea de que la Biblia sea perfecta, inerrante e infalible? ¿Es posible que la Biblia siga siendo inerrante después de todos estos años de traducciones? ¿Es razonable creer que algo es perfecto, sin errores e infalible en el mundo de hoy?

_____

_____

_____

_____

_____

_____

_____

_____

_____

_____

_____

_____

_____

_____

_____

_____

_____

_____

3. Si la Biblia es completamente verdadera e infalible, ¿puede haber contradicciones? ¿Cómo le responderías a alguien que afirma que la Biblia está "llena de contradicciones"?

_____

_____

_____

_____

_____

_____

_____

_____

_____

_____

_____

_____

_____

_____

_____

_____

_____

4. ¿Cómo explicarías la capacidad de la Biblia para evitar ser destruida, a pesar de todos los intentos concertados para hacerlo?

_____

_____

_____

_____

_____

_____

_____

_____

_____

_____

_____

_____

_____

_____

_____

_____

3

~~

Cómo entender la Biblia

La Biblia es un libro realmente grande con más de mil páginas, y puede resultar intimidante para un nuevo creyente o un lector primerizo. En esta sección, veremos cómo la Biblia está organizada y estructurada.

La organización y disposición de la Biblia

En primer lugar, la Biblia no es igual a la mayoría de los libros que obtenemos en una librería o en Amazon. Más bien, es como una biblioteca, una colección de escritos de unos cuarenta autores diferentes. El número de autores es aproximado ya que algunos de los libros son anónimos. Estos escritos individuales que llamamos "libros" no fueron escritos originalmente como libros independientes como los conocemos ahora, sino más bien como registros de sucesos históricos de Israel. Estos registros fueron recopilados en nuestra Biblia moderna y comúnmente se les conoce como "libros". En total, hay sesenta y seis libros en una Biblia protestante moderna (la Biblia católica tiene más).

Estos sesenta y seis libros están agrupados en dos grandes secciones llamadas Testamentos: el Antiguo Testamento y el Nuevo Testamento. La palabra "Testamento" se refiere a un pacto o acuerdo similar a un contrato, en este caso entre Dios y el hombre. El Antiguo Testamento trata sobre los pactos que Dios hizo con el pueblo de Israel a través de Adán, Noé, Abraham y David. Por otra parte, el Nuevo Testamento trata sobre pacto que Dios hizo con la iglesia a través de Jesucristo.

EL ANTIGUO TESTAMENTO

El Antiguo Testamento moderno se conocía originalmente como el Tanaj o la Biblia Hebrea. Estos libros fueron escritos entre aproximadamente 1400 a. C. y 400 a. C. por unos veintiocho autores en Arabia, Israel y Babilonia. Fueron escritos principalmente en hebreo bíblico, pero algunas secciones más pequeñas fueron escritas en arameo bíblico. Contienen una variedad de contenido, que incluye leyes, historia, profecías y sabiduría. También exhiben una serie de estilos de escritura diferentes, que incluyen narrativa, profecía y poesía.

Una comprensión adecuada de los libros del Antiguo Testamento requiere de al menos un conocimiento superficial de la cultura y la cosmovisión de las personas que escribieron los libros, así como una apreciación de los diversos estilos de escritura. Cubriremos esas ideas cuando consideremos los métodos y herramientas de estudio bíblico.

La Biblia Hebrea contenía veinticuatro libros divididos en tres grupos, como se muestra en la siguiente tabla.

Tanaj = Torá + Profetas + Escritos		
Torah (Torá) (Pentateuco / Ley)	Nevi'im (Profetas)	Ketuvim (Escritos)
Génesis	*Profetas Antiguos:*	*Libros poéticos o libros de la verdad*
Éxodo	Josué	Salmos
Levítico	Jueces	Proverbios
Números	Samuel	Job
Deuteronomio	Reyes	*Megillot (Los cinco rollos)*
	Profetas Posteriores:	Cantar de los Cantares
	Isaías	Ruth
	Jeremías	Lamentaciones
	Ezequiel	Eclesiastés
	Los doce	Ester
		Los otros libros
		Daniel
		Esdras
		Crónicas

Contenido de la Biblia Hebrea

A medida que estos libros fueron escritos, fueron recopilados por los líderes judíos. El orden de los libros era como se enumeró anteriormente, con la Torá primero y los Ketuvim al final. Cada libro constituía un rollo por separado. Los primeros libros en ser escritos fueron probablemente los de la Torá, escritos por Moisés mientras los hijos de Israel deambulaban por el desierto con la esperanza de entrar en la Tierra Prometida. El último libro escrito fue probablemente Crónicas, que contiene un resumen de gran parte de la historia del libro de Reyes. El contenido de la Biblia Hebrea se delimitó aproximadamente en el 450 a. C., y toda la Biblia Hebrea fue canonizada (reconocida como autoritativa) gradualmente entre el 200 a. C. y el 200 d. C.

La Biblia Hebrea fue escrita en hebreo y arameo, pero alrededor del año 300 a. C., la mayoría de las personas en Israel hablaban griego debido a las conquistas y la influencia a largo plazo de Alejandro Magno. Era muy común que muchos de los hebreos más jóvenes pudiesen leer y hablar griego, pero no hebreo. Por lo tanto, la Biblia

Hebrea se tradujo al griego en el año 285 a. C. por un grupo de setenta eruditos hebreos. Esta traducción se conoce como la Septuaginta o la LXX (ambos nombres se refieren a "Los Setenta y Dos" que la tradujeron). Además de traducir el texto al griego, el equipo de traductores reorganizó los libros, pasando de un orden básicamente cronológico a un orden basado en temas, como se muestra a continuación.

Esta es la Biblia que Jesús y Sus seguidores tenían y a la que se referían como las Escrituras o la Palabra de Dios.

Biblia Hebrea (24 libros)	Septuaginta / LXX (28 libros)
Torá (Ley)	*Pentateuco (Ley de Moisés)*
Génesis	Génesis
Éxodo	Éxodo
Levítico	Levítico
Números	Números
Deuteronomio	Deuteronomio
Nevi'im (Profetas)	*Libros históricos*
Josué	Josué
Jueces	Jueces
Samuel	1 Reyes, 2 Reyes
Reyes	3 Reyes, 4 Reyes
Isaías	1 Crónicas, 2 Crónicas
Jeremías	Esdras, Nehemías
Ezequiel	Ester
Los doce profetas menores	*Libros poéticos o sapienciales*
Ketuvim (Escritos)	Salmos
Salmos	Proverbios
Proverbios	Eclesiastés
Job	Cantar de los Cantares
Cantar de los Cantares	Job
Ruth	*Libros proféticos*
Lamentaciones	Los Doce
Eclesiastés	Isaías
Ester	Jeremías
Daniel	Lamentaciones
Esdras	Jeremías
Crónicas	Ezequiel
	Daniel

La Biblia Hebrea versus la Septuaginta

Observa cómo los libros de Samuel, Reyes y Crónicas fueron divididos en dos partes cada uno. El libro de Esdras también fue dividido y se convirtió en Esdras y Nehemías.

EL NUEVO TESTAMENTO

Mientras que el polvo se asentaba sobre el contenido exacto, el lenguaje y el orden de la Septuaginta, entramos en los días del nacimiento y ministerio de Jesús en la Tierra. Jesús nunca escribió nada que haya sobrevivido hasta hoy, pero tenemos los escritos de Sus seguidores, que han sido recopilados y ensamblados en lo que ahora llamamos el Nuevo Testamento.

Los veintisiete libros del Nuevo Testamento fueron escritos por alrededor de doce autores entre el año 40 d.C. y el año 100 d.C. Todos fueron escritos en griego koiné, el dialecto del griego que se usaba comúnmente en la vida diaria en ese momento. Es probable que originalmente fueran escritos en rollos, pero el códice o la forma de libro con páginas como se usa hoy en día comenzó a volverse popular durante el primer siglo mientras estos libros se estaban escribiendo.

El orden de los libros en el Nuevo Testamento no es en el que fueron escritos. Más bien, están agrupados por tema como se muestra a continuación.

Nuevo Testamento (27 libros)
Evangelios = Buenas Nuevas del Mesías
Mateo
Marcos
Lucas
Juan
Historia de la Iglesia (30 d.C. a 70 d.C.)
Hechos
Epístolas = Cartas a las iglesias e individuos
Romanos
1 Corintios, 2 Corintios
Gálatas
Efesios
Filipenses
Colosenses
1 Tesalonicenses, 2 Tesalonicenses
1 Timoteo, 2 Timoteo
Tito
Filemón
Hebreos
Santiago
1 Pedro, 2 Pedro
1 Juan, 2 Juan, 3 Juan
Judas
Apocalipsis = Los Últimos Tiempos
Apocalipsis

Contenido del Nuevo Testamento

En el Nuevo Testamento, los cuatro Evangelios cuentan la historia de la vida y el ministerio de Jesús desde cuatro perspectivas diferentes. Cada autor relata su visión del ministerio de Jesús a una audiencia distinta. Mateo escribió a los judíos y a los creyentes judíos, Marcos escribió a los creyentes gentiles en Roma, Lucas escribió a Teófilo y a todos los creyentes, y Juan escribió a los creyentes gentiles.

Los Evangelios			
Nombre	Autor	Audiencia	Énfasis
Mateo	Mateo (apóstol)	Judíos y creyentes judíos	Jesús como el cumplimiento de la profecía del Antiguo Testamento
Marcos	Juan Marcos (compañero de viaje de Pedro)	Creyentes gentiles en Roma	Jesús como el sufriente salvador de todos los hombres
Lucas	Lucas (compañero de viaje de Pablo)	Teófilo y todos los creyentes	Jesús como el Mesías y Señor de todos los hombres
Juan	Juan (apóstol)	Creyentes gentiles	La deidad de Cristo

Los cuatro evangelios

El libro de Hechos, también conocido como Hechos de los apóstoles o Hechos del Espíritu Santo, relata los eventos desde la ascensión de Jesús hasta el encarcelamiento del apóstol Pablo, aproximadamente del año 33 d.C. al 65 d.C. Algunos sucesos que se destacan son el nacimiento de la iglesia en Hechos 2, la persecución de los cristianos en Jerusalén y los viajes misioneros del apóstol Pablo.

Las veintiuna epístolas o cartas fueron escritas cada una a iglesias o individuos específicos para abordar preocupaciones o preguntas. A veces se les llama "documentos ocasionales" ya que cada una fue escrita en ocasión de algún asunto que debía resolverse o responderse.

La última sección consiste en un solo libro conocido como el Apocalipsis, la Revelación de Juan o la Revelación de Jesucristo. Es un registro de una visión (o visiones) del apóstol Juan mientras estaba exiliado en la isla de Patmos cerca del final de su vida. Incluye cartas de Cristo a seis iglesias en Asia Menor (la actual Turquía) más una descripción dramática y aterradora de los acontecimientos de los Últimos Tiempos. Estos eventos incluyen el Anticristo y la Gran Tribulación, la Segunda venida de Cristo, el Juicio del Gran Trono Blanco y la restauración de todas las cosas en el Nuevo Cielo y la Nueva Tierra.

A medida que se escribían los libros del Nuevo Testamento, se pasaban entre las iglesias (en su mayoría iglesias domésticas) y se leían a los creyentes. Luego, se copiaban y transmitían a otra iglesia. Otros escritores también estaban distribuyendo sus obras. Las iglesias recopilaron las que consideraron inspiradas y rápidamente las consideraron como una adición a la Septuaginta. Gradualmente, las iglesias llegaron a un acuerdo sobre cuáles escritos eran confiables y sentían que eran adiciones inspiradas a sus Escrituras oficiales. En el año 367 d.C., Atanasio, uno de los primeros padres de la iglesia, publicó una lista de los mismos veintisiete libros pertenecientes al Nuevo Testamento moderno. Esta fue la primera vez que el Nuevo Testamento, tal como lo conocemos, fue reconocido y establecido.

ENCONTRANDO VERSÍCULOS EN LA BIBLIA

Debido a lo extensa que es la Biblia y cuántos libros diferentes hay en ella, las personas que leían la Biblia en su propio idioma necesitaban una forma de hacer referencia a un solo versículo o pasaje en la Biblia para poder recordar su ubicación o compartirlo a otras personas. El texto original de la Biblia no tenía otro método de referencia más que los nombres de los libros. No fue hasta principios del siglo XIII que el arzobispo Stephen Langton desarrolló un sistema para dividir los libros en capítulos numerados. Su método y las divisiones de capítulos resultantes fueron aceptados por la iglesia y se reflejan en nuestras Biblias modernas, pero pasaron otros 200 años antes de que aparecieran los números de los versículos. Algunos intentos iniciales de numerar los versículos no fueron adoptados por los editores. Finalmente, en 1553, un impresor francés llamado Robert Estienne publicó una Biblia en francés con números de capítulos y versículos. Su sistema de numeración de los versículos se ha convertido en el estándar utilizado por casi todos los editores de la Biblia en la actualidad. La primera Biblia en inglés que incluyó números de capítulos y versículos en el texto fue la Biblia de Ginebra, que se publicó en 1560 y fue utilizada por los peregrinos cuando llegaron a América del Norte.

Preguntas para debatir

1. ¿Importa el orden de los libros en el Antiguo Testamento? ¿Qué pasaría si los mezcláramos en un orden completamente aleatorio? ¿Importa en qué orden los leamos?

_____

_____

_____

_____

_____

_____

_____

_____

_____

_____

_____

_____

_____

_____

_____

_____

_____

_____

2. ¿Cómo crees que las iglesias llegaron a un consenso sobre qué escritos del primer siglo fueron inspirados y autoritativos?

_____

_____

_____

_____

_____

_____

_____

_____

_____

_____

_____

_____

_____

_____

_____

_____

_____

_____

_____

_____

3. ¿Cuál es el significado de tener cuatro Evangelios? ¿Por qué crees que Dios decidió incluir cuatro y no solo uno?

_____

_____

_____

_____

_____

_____

_____

_____

_____

_____

_____

_____

_____

_____

_____

_____

_____

_____

_____

_____

4. ¿Qué usaban los primeros cristianos como Biblia antes de que el Nuevo Testamento fuera escrito y reconocido como Escritura?

_____

_____

_____

_____

_____

_____

_____

_____

_____

_____

_____

_____

_____

_____

_____

_____

_____

_____

4

⚭

La línea argumentativa de la Biblia

Desafortunadamente, la línea argumentativa o secuencia de eventos en la Biblia no sigue el orden de los libros ni en el Antiguo Testamento ni en el Nuevo Testamento.

La línea argumentativa de la Biblia se ha resumido sucintamente de esta forma:
- Creación
- Caída
- Redención
- Restauración

Si bien este resumen es correcto, es de ayuda tener un poco más de detalle. De eso se trata esta sección.

Dado que los libros de la Biblia no están organizados cronológicamente, es decir, en el orden en que ocurrieron los eventos, puede ser difícil obtener una buena imagen mental del orden de estos acontecimientos. En esta sección, te daremos una visión general de los eventos más conocidos de la Biblia en el orden en que generalmente se cree que sucedieron. En algunos casos, se generan preguntas sobre la secuencia específica de los eventos. Estas se señalarán a medida que los presentemos. Pero ten en cuenta que esta lista no es exhaustiva. Una gran parte de la línea argumentativa sucedió entre los eventos más conocidos, por lo que podrías pasar fácilmente el resto de tu vida leyendo, estudiando y llenando los espacios en blanco entre y alrededor de estos sucesos.

Eventos más conocidos del Antiguo Testamento

El Antiguo Testamento relata la creación del universo, la fundación de la nación de Israel y los tratos de Dios con esa nación hasta justo antes del nacimiento de Cristo.

LA CREACIÓN DE TODAS LAS COSAS

¿En qué parte de la Biblia se encuentra este evento? En Génesis 1 y 2.

La frase inicial del capítulo 1 de Génesis es: "En el principio". La Biblia enseña claramente en este y otros pasajes que Dios es el arquitecto, diseñador, creador y sustentador de todo el universo físico, incluyendo la Tierra, el sol, la luna y las estrellas. Como creador de la Tierra, Él también creó las llanuras, colinas, montañas, ríos, lagos, océanos, todas las formas de vegetación, todos los peces y animales acuáticos, todas las aves y animales voladores, todos los insectos y todos los animales terrestres. Luego, después de terminar todas esas cosas, creó un hombre a quien llamó Adán y una mujer a quien Adán llamó Eva.

Además del universo físico y el tiempo, Dios creó todos los ángeles y seres celestiales antes de crear el universo físico. Tenemos poca documentación de esto en la Biblia, aparte de las referencias a la tentación de Eva en Génesis 3 (Satanás ya existía y habitaba la Tierra) y los comentarios de Jesús en Lucas 10:18 sobre ver a Satanás caer del Cielo.

Junto con todo el universo físico, Dios creó el tiempo. Y dado que Dios creó el tiempo, Él no está sujeto a él; está fuera del tiempo y no se ve afectado por él.

LA CAÍDA DEL HOMBRE

¿En qué parte de la Biblia se encuentra este evento? En Génesis 3.

Cuando Dios creó a Adán, lo colocó en un jardín especial al que llamó Edén. Le dijo a Adán que podía comer de cualquier planta del jardín excepto de un árbol: el Árbol del Conocimiento del Bien y del Mal. Luego, Dios formó a Eva de una de las costillas de Adán.

Poco después de eso, Eva se encontró con Satanás en el jardín, y Satanás convenció a Eva de desafiar a Dios y comer del único árbol prohibido. Eva también le dio algo de la fruta a Adán, y él también la comió.

Por supuesto, Dios se enteró. Entonces, forzó a Adán y Eva a abandonar el jardín e impuso un castigo de por vida a ambos y a Satanás.

Ahora nos referimos al pecado (desobediencia y rebelión) de Adán y Eva como el "pecado original". La Biblia enseña que desde que Adán pecó, todos nacemos con una naturaleza pecaminosa que nos hace desobedientes y rebeldes desde el nacimiento.

EL DILUVIO DE NOÉ

¿En qué parte de la Biblia se encuentra este evento? En Génesis 6 al 9.

En los años posteriores a la Caída descrita anteriormente, nacieron muchos más niños, y crecieron y se dispersaron por todo el Medio Oriente. Todos llevaban consigo ese espíritu desobediente y rebelde.

Sin restricciones, siguieron sus instintos naturales corruptos y se volvieron cada vez más malvados a la vista de Dios.

A Dios le entristeció que el hombre se hubiera vuelto tan corrupto y malvado, y consideró destruir la Tierra y a todos sus habitantes. Sin embargo, encontró a un hombre que no estaba corrompido como los demás: Noé. La Biblia dice en Génesis 6:8: "Pero Noé halló gracia ante los ojos de Jehová".

En lugar de destruir la Tierra y todos sus habitantes, Dios le ordenó a Noé que construyera un barco gigante para que sirviera de refugio para las personas justas mientras Él destruía a todos los demás con un diluvio catastrófico. Llamó al barco un Arca, y debía estar equipado para llevar a Noé y su esposa, sus tres hijos y las esposas de sus hijos, junto con al menos dos de cada tipo de animal y ave en la Tierra. De esta manera, Dios podría destruir el mal y preservar a aquellos que lo conocían y lo honraban. Después del diluvio, Noé y su familia serían los nuevos Adán y Eva, y las criaturas a bordo del Arca repoblarían la Tierra con todo tipo de animales y aves.

Cuando el Arca se llenó, Dios selló a las personas y los animales en su interior. Cayeron lluvias torrenciales durante cuarenta días, y Dios proporcionó agua adicional proveniente de embalses que ningún hombre conocía. Las aguas se elevaron por encima de las cimas de las montañas más altas, y el Arca flotó por encima de todo, llevando a salvo a Noé y a todos sus pasajeros. Todos permanecieron en el Arca durante aproximadamente un año hasta que las aguas retrocedieron y la embarcación se posó sobre el "Monte Ararat" en el extremo oriental de Turquía.

Después de que Noé, toda su familia y los animales bajaron del Arca, Noé construyó un altar y adoró a Dios. Por su parte, Dios le mostró a Noé un arcoíris como símbolo de Su promesa de nunca más destruir la Tierra con un diluvio.

LA TORRE DE BABEL

¿En qué parte de la Biblia se encuentra este evento? En Génesis 11.

Después de que el diluvio de Noé cesó y el Arca fue abandonada, Dios le dijo a Noé y a su familia que "fueran fructíferos, se multiplicaran y llenaran la Tierra". Los hijos de Noé tuvieron hijos y nietos, y así sucesivamente, y las personas se extendieron desde el Monte Ararat a muchos lugares en el Medio Oriente.

Algunos se establecieron en el valle de Sinar y construyeron una ciudad allí. En esa ciudad, la gente decidió que construirían una torre cuya cima estuviese en el cielo. Querían hacerse un nombre y posiblemente un camino al Cielo.

Dios no estaba complacido con sus esfuerzos de autoexaltación y procedió a hacer algo al respecto. Toda la gente de la Tierra todavía hablaba el mismo idioma que Noé y su familia, así que Dios confundió sus lenguas para que no pudieran comunicarse entre sí. El proyecto de construcción de la torre se detuvo, y el Señor esparció a la gente por toda la Tierra.

EL LLAMADO DE ABRAM

¿En qué parte de la Biblia se encuentra este evento? En Génesis 12.

En el capítulo 11 del Génesis, se nos presenta a un hombre llamado Abram, su padre Taré, su sobrino Lot y su esposa Sarai. Se habían mudado a un pueblo llamado Harán, donde Taré murió.

Luego, en Génesis 12:1–3, Dios llama a Abram y le hace una promesa asombrosa:

Pero Jehová había dicho a Abram: Vete de tu tierra y de tu parentela, y de la casa de tu padre, a la tierra que te mostraré. Y haré de ti una nación grande, y te bendeciré, y engrandeceré tu nombre, y serás bendición. Bendeciré a los que te bendijeren, y a los que te maldijeren maldeciré; y serán benditas en ti todas las familias de la tierra.

Abram hizo exactamente lo que Dios le había dicho que hiciera. Se fue a la tierra de Canaán con Sarai, Lot, sus siervos y todas sus posesiones. Dios entonces prometió darle a su descendencia toda la tierra de Canaán, lo cual era interesante ya que Sarai no podía concebir un hijo.

Finalmente, Dios cambió los nombres de Abram y Sarai a Abraham y Sara, y tuvieron un hijo a quien llamaron Isaac. Isaac creció y se casó con Rebeca, y tuvieron dos hijos gemelos llamados Jacob y Esaú. Jacob se casó con Lea y Raquel y tuvieron doce hijos y una hija. Dios renombró a Jacob como Israel, y la familia de Israel se hizo conocida como las "doce tribus de Israel", "los hijos de Israel" y más tarde "la nación de Israel".

Uno de los hijos más jóvenes de Israel era José, quien era despreciado por sus hermanos y fue sometido a la esclavitud. Terminó en Egipto como esclavo, pero a través de una larga serie de eventos, fue ascendido para ser la mano derecha del faraón, el primer ministro de Egipto.

Israel y toda su familia se mudaron a Egipto para escapar de una hambruna en Canaán y José los estableció en una parte de Egipto llamada Gosén. Prosperaron allí, pero después de que José y el faraón murieron, gobernantes que no habían conocido a José llegaron al poder y esclavizaron a los hijos de Israel.

EL NACIMIENTO DE MOISÉS

¿En qué parte de la Biblia se encuentra este evento? En Éxodo 2.

Unos 400 años después de que Israel y su familia se mudaron a Egipto, los hijos de Israel sufrían bajo el cruel trato de los egipcios. Los egipcios temían a los hijos de Israel porque eran gente fuerte y la familia había crecido hasta convertirse en una población muy grande. Los egipcios intentaron sofocar la alta tasa de natalidad de los israelitas, pero las parteras se rebelaron y dejaron vivir a los niños.

Dios eligió a uno de los niños israelitas y lo protegió providencialmente. Fue "descubierto" por la hija del faraón y luego adoptado por la familia del faraón. Lo llamaron Moisés, y fue tratado como un miembro de la familia real.

Moisés se enteró de su verdadero linaje y acudió al rescate de un israelita que estaba siendo golpeado por un egipcio. Mató al egipcio y luego huyó a la tierra de Madián para salvar su vida, donde se estableció, se casó y formó una familia. Poco sabía que Dios lo iba a usar para rescatar a los hijos de Israel de la cruel esclavitud de Egipto.

EL ÉXODO

¿En qué parte de la Biblia se encuentra este evento? En Éxodo 7 al 20.

Dios le ordenó a Moisés que regresara a Egipto y se enfrentara al Faraón actual con la exigencia de dejar salir a los hijos de Israel de Egipto. El Faraón se negó a pesar de las nueve plagas diferentes que Dios impuso sobre Egipto y su pueblo. La décima y última plaga, la Muerte de los Primogénitos, convenció al Faraón de liberar a los israelitas. Dios ordenó a los israelitas que prepararan una comida especial justo antes de que el Faraón los dejara ir. A dicha comida se le llamó Pésag o Pascua Judía, y el pueblo judío la celebra hasta el día de hoy para recordar los acontecimientos que siguieron.

Moisés guio al pueblo fuera de Egipto tan pronto como el faraón cedió y les dijo que se fueran. Así, llevaron a sus familias, todas sus posesiones y todo su ganado al desierto de lo que ahora denominamos Península Arábiga.

VAGANDO POR EL DESIERTO

¿En qué parte de la Biblia se encuentra este evento? Desde Éxodo 21 a Deuteronomio 34.

Después de que los hijos de Israel salieron de Egipto, Dios hizo un camino para que cruzaran el Mar Rojo en tierra seca por delante de los soldados egipcios (el faraón cambió de opinión poco después de que se fueran), y todos los soldados egipcios murieron cuando las aguas del mar regresaron y los ahogaron.

La primera parada fue en el Monte Sinaí, donde acamparon por un tiempo. Durante esta parada, Dios llamó a Moisés a la cima de la montaña y le dio a conocer los Diez Mandamientos. También le dio a Moisés instrucciones para construir y cuidar el Tabernáculo, un templo portátil que llevaban con ellos mientras deambulaban por el desierto, y procedimientos muy específicos que los sacerdotes debían seguir al realizar sus deberes en el Tabernáculo.

Poco después de salir del Monte Sinaí, Moisés y el pueblo se acercaron a Canaán (su destino previsto) y enviaron espías para explorar la tierra antes de invadirla. Diez de los doce espías informaron que la gente era demasiado fuerte y las ciudades estaban demasiado bien fortificadas para que los israelitas tomaran la tierra. Por causa de esto, el pueblo se llenó de miedo y se negó incluso a intentar entrar en la tierra que Dios había prometido a Abraham y a sus descendientes.

Dios no estaba contento con su negativa a entrar en la tierra que Él estaba dispuesto a ayudarles a conquistar y, en consecuencia, juró que ninguno de esa generación entraría jamás en Canaán. Así que esa generación murió en el desierto antes de que a sus hijos se les permitiera ingresar al territorio cuarenta años después.

LA CONQUISTA DE CANAÁN

¿En qué parte de la Biblia se encuentra este evento? En Josué.

En un momento en el desierto, Moisés desobedeció a Dios con respecto a obtener agua de una roca, y Dios castigó a Moisés al no permitirle entrar a Canaán con los hijos de Israel. Así, Moisés murió justo antes de que entraran a Canaán, y Dios designó a Josué para que fuera el sucesor de Moisés y líder del pueblo.

Josué guio a los hijos de Israel por el Río Jordán hacia la tierra de Canaán con mucha oración. Dios secó el Jordán el tiempo suficiente para que todo el pueblo cruzara el río en tierra seca, y los dirigió hacia la ciudad fortificada de Jericó. Luego les concedió una conquista milagrosa de Jericó para comenzar su ocupación de la Tierra Prometida, que continuó durante varios años bajo el liderazgo de Josué.

Dios ordenó a los soldados israelitas que eliminaran por completo a los habitantes de Canaán mientras avanzaban por la tierra, pero los soldados no hicieron exactamente lo que Dios les había indicado, por lo que tuvieron problemas con los cananeos restantes durante muchos, muchos años después de conquistar y establecerse en el territorio.

EL PERÍODO DE LOS JUECES

¿En qué parte de la Biblia se encuentra este evento? En Jueces.

Después de la muerte de Josué, Israel se quedó sin un líder unificador y el pueblo se alejó de Dios. Entonces, entraron en un ciclo de hacer el mal, arrepentirse y reconciliarse con Dios. El ciclo se repitió muchas veces.

Dado que el pueblo no tenía un líder unificador, Dios levantó a individuos conocidos como jueces, quienes proporcionaron dirección local y liderazgo piadoso. En la lista de jueces destacan los nombres de Débora, Gedeón, Sansón y Samuel.

ISRAEL OBTIENE SU PRIMER REY

¿En qué parte de la Biblia se encuentra este evento? En 1 Samuel 8.

"Queremos un rey como todas las otras naciones". Este fue el clamor del pueblo de Israel. A pesar de la bendición y el liderazgo fiel de Dios, querían un monarca que reinara sobre ellos al igual que los reyes de las tribus y naciones circundantes.

Samuel advirtió al pueblo cómo sería tener un rey terrenal que exigiera impuestos y reclutara mano de obra para sus ejércitos, pero el pueblo persistió. Entonces, Dios les dio su primer rey terrenal: Saúl.

DAVID MATA A GOLIAT

¿En qué parte de la Biblia se encuentra este evento? En 1 Samuel 17.

Los filisteos fueron constantemente una piedra en el zapato de los israelitas. En un momento, el ejército filisteo y el ejército israelí estaban acampando a cada lado de un valle, uno frente al otro. Los filisteos tenían un hombre gigante llamado Goliat que salía a diario a burlarse de los soldados israelíes y desafiarlos a enviar a su mejor soldado para luchar contra él uno a uno en una batalla en la que el ganador se lo llevaría todo. Sin embargo, los soldados de Israel no tenían a nadie dispuesto a luchar contra Goliat. Así, el desafío persistió durante muchos días.

Un día, un pastor llamado David llegó al campamento israelita con provisiones para algunos de sus hermanos, que formaban parte del ejército israelita. Mientras estaba allí, escuchó las burlas de Goliat y se indignó de que nadie quisiera enfrentarlo. David sabía que, con la ayuda de Dios, podría vencer a Goliat, así que se dirigió al rey Saúl y se ofreció como voluntario para ir a luchar. Después de algunas negociaciones sobre la indumentaria, David salió y mató a Goliat con una piedra lanzada con su honda y luego procedió a cortarle la cabeza con su propia espada.

El ejército filisteo huyó perseguido por el ejército israelí, y David regresó a casa. David se ganó el respeto y la admiración de todo el pueblo de Israel, y eso hizo que el rey Saúl sintiera celos. Al principio, Saúl llamó a David al palacio para que sirviera como músico, pero los celos de Saúl crecieron hasta el punto en que constantemente intentaba matar a David.

EL REINO UNIDO

¿En qué parte de la Biblia se encuentra este evento? Desde 2 Samuel 1 a 1 Reyes 11, y desde 1 Crónicas 10 a 2 Crónicas 9.

David había sido ungido por Samuel, el profeta, para ser el próximo rey de Israel, por lo que Saúl nunca pudo eliminar a David. Después de un tiempo, Saul y su hijo Jonatán murieron en el campo de batalla, y David se convirtió en el rey de Israel.

David fue un líder carismático para su pueblo y un comandante perspicaz de los ejércitos. Bajo su liderazgo, conquistaron las tribus y naciones circundantes, e Israel disfrutó de años de paz y prosperidad. Pero David tenía defectos, y el más famoso era su relación adúltera con Betsabé. Después de concebir un hijo con ella, él hizo arreglos para que el esposo de Betsabé, Urías, muriera en batalla. Luego, David se casó con Betsabé.

Después de la muerte de David, su hijo Salomón se convirtió en rey y reinó sobre Israel durante cuarenta años. Sus primeros años estuvieron marcados por una sabiduría, riqueza y paz sin igual. Uno de sus logros más conocidos fue la construcción del Templo en Jerusalén. Pero en sus últimos años, Salomón se distrajo de Dios por causa de los dioses de sus muchas esposas y concubinas.

EL REINO DIVIDIDO

¿En qué parte de la Biblia se encuentra este evento? Desde 1 Reyes 12 a 2 Reyes 25, y desde 2 Crónicas 10 a 2 Crónicas 36.

Después de la muerte de Salomón, la nación no tenía líder. Esto provocó una batalla entre el hijo de Salomón, Roboam, y un forastero llamado Jeroboam. Pero ninguno consiguió la lealtad de toda la nación, y el reino se dividió. Diez de las doce tribus (de los hijos de Jacob/Israel) se fueron con Jeroboam. Su nación incluía la parte norte de la antigua nación de Israel que, a partir de entonces, se conoció como el Reino del Norte o Israel. Las otras dos tribus, Judá y Benjamín, siguieron a Roboam. Su nación se conoció como el Reino del Sur o Judá.

LA CAÍDA DEL REINO DEL NORTE

¿En qué parte de la Biblia se encuentra este evento? En 2 Reyes 17.

Durante muchos años después de la muerte de Salomón, el Reino del Norte (Israel) tuvo una serie de reyes malvados; ninguno de ellos era justo o temeroso de Dios. Al igual que los reyes, el pueblo ignoró y desobedeció descaradamente los mandamientos de Dios. En el año 722 a. C., Dios permitió que Israel fuera conquistado por los ejércitos invasores de Asiria. Una gran parte de los habitantes del Reino del Norte fueron llevados cautivos a Asiria. Por su parte, el rey de Asiria trajo extranjeros de Babilonia y otros lugares para reasentar la tierra previamente ocupada por Israel. El resto del pueblo de Israel se mezcló con los nuevos colonos y formó una religión híbrida con el Dios de Israel y los dioses de los colonos. Las personas que fueron llevadas a Asiria nunca regresaron a su tierra, y esta permaneció ocupada por el pueblo mestizo.

LA CAÍDA DEL REINO DEL SUR

¿En qué parte de la Biblia se encuentra este evento? En 2 Reyes 25.

El Reino del Sur (Judá) tuvo un destino algo mejor que el Reino del Norte. Después de la muerte de Salomón, tuvieron una sucesión de reyes. Algunos de los reyes temían a Dios, y otros no. Pero al final, sufrieron un destino similar al del Reino del Norte. En el año 586 a. C., Nabucodonosor de Babilonia atacó Jerusalén y conquistó todo el Reino del Sur. Destruyó la ciudad de Jerusalén y llevó a la mayoría de la gente de Judá de vuelta a Babilonia. Durante el tiempo del cautiverio de Judá en Babilonia, se desarrollaron las historias de algunos personajes bíblicos bien conocidos, como Daniel y Ester, y los profetas Esdras y Nehemías.

EL REGRESO DESPUÉS DEL CAUTIVERIO

¿En qué parte de la Biblia se encuentra este evento? En Esdras.

Las cosas empezaron a cambiar en el año 539 a.C., cuando Ciro II conquistó Babilonia. Apenas un año después, permitió que el pueblo de Judá comenzara a regresar a su patria para reconstruir el templo y, más tarde, toda Jerusalén. El pueblo de Judá no regresó todo junto, sino que en oleadas sucesivas a lo largo de varios años. Para el año 400 a.C., la mayoría de los judíos cautivos en Babilonia habían podido regresar a su patria.

LOS AÑOS SILENCIOSOS

¿En qué parte de la Biblia se encuentra este evento? Entre Malaquías y Mateo (no hay escritos).

No hay registros escritos que abarquen el período desde el regreso de Judá después del cautiverio en Babilonia hasta el nacimiento de Jesús. Estos fueron conocidos como los "años silenciosos", ya que Dios guardó silencio: no envió profetas para hablar a Su pueblo.

Durante este tiempo, Alejandro Magno y sus ejércitos atravesaron el Medio Oriente conquistando todo a su paso, incluyendo el área repoblada de Judá. Su conquista alrededor del año 332 a.C. impuso el idioma griego y gran parte de la cultura griega al pueblo de Judá. Luego, alrededor del año 64 a.C., el Imperio Romano conquistó todo el Medio Oriente, incluyendo Judá. Así que, al final de estos años silenciosos, Judá había sido conquistada dos veces por imperios mundiales y estaba sintiendo los efectos de ambos. Los griegos dejaron su idioma y cultura; por otra parte, los romanos dejaron su cultura, caminos y ejércitos.

Preguntas para debatir

1. ¿Por qué necesitamos conocer los eventos del Antiguo Testamento? ¿Acaso no es simplemente la historia de Israel en tiempos pasados?

_____

_____

_____

_____

_____

_____

_____

_____

_____

_____

_____

_____

_____

_____

_____

_____

_____

_____

2. ¿Qué eventos del Antiguo Testamento te parecen más significativos? ¿Por qué?

_____

_____

_____

_____

_____

_____

_____

_____

_____

_____

_____

_____

_____

_____

_____

_____

_____

_____

_____

_____

3. ¿Por qué Dios incluyó todas las genealogías en el Antiguo Testamento?

_____

_____

_____

_____

_____

_____

_____

_____

_____

_____

_____

_____

_____

_____

_____

_____

_____

_____

_____

Los eventos más conocidos del Nuevo Testamento

El Nuevo Testamento documenta la vida de Jesucristo, el nacimiento de la Iglesia Cristiana y aproximadamente los primeros treinta años de la Iglesia, la primera actividad misionera de los apóstoles y las predicciones sobre los Últimos Tiempos.

EL NACIMIENTO DE JESÚS

¿En qué parte de la Biblia se encuentra este evento? En Mateo 1 al 3 y en Lucas 2.

Jesús, el Hijo de Dios, nació de María y su esposo José alrededor del año 4 a.C. en el pueblo judío de Belén, a pocas millas al sur de Jerusalén. Su nacimiento había sido profetizado, y tanto María como José habían tenido encuentros con ángeles antes de su nacimiento, asegurándoles que el hijo de María fue concebido sobrenaturalmente y que José debía casarse con ella y nombrar al niño Jesús. No nació en un hospital, palacio o en la casa de algún líder religioso; en cambio, nació en un establo prestado mientras José y María visitaban Belén para ser contados en un censo iniciado por el emperador César Augusto. Su nacimiento fue anunciado por ángeles a un grupo de pastores cerca de Belén, y ellos fueron los primeros en visitar a María, José y Jesús después del nacimiento. Más tarde, un grupo de magos (sabios del Este, probablemente de Babilonia) visitó a la familia y le dio regalos de oro, incienso y mirra para honrar al nuevo rey. El rey Herodes temía la llegada de un nuevo monarca, ya que lo veía como una amenaza, por lo que ordenó la matanza de todos los niños menores de dos años en ese pueblo. Pero Dios advirtió a José, y la familia fue a Egipto y esperó hasta que Herodes muriese para regresar.

LA VIDA Y EL MINISTERIO DE JESUCRISTO

¿En qué parte de la Biblia se encuentra este evento? En Mateo, Marcos, Lucas y Juan.

Jesús creció en el pueblo galileo de Nazaret, donde José era carpintero. La familia viajaba a Jerusalén para las fiestas judías, y Jesús tuvo un encuentro con los sacerdotes durante uno de estos viajes cuando tenía solo doce años. Aparte de eso, no sabemos nada sobre la infancia de Jesús.

Cuando Jesús tenía alrededor de treinta años, comenzó su ministerio terrenal al ser bautizado por su primo, Juan el Bautista, en el río Jordán. Después, viajó por Galilea, Judea e incluso Samaria, enseñando a la gente, sanando a los enfermos y reuniendo a sus apóstoles. También hizo viajes periódicos a Jerusalén para participar en las fiestas judías y se encontró con líderes religiosos dondequiera que iba.

Los cuatro escritores de los Evangelios presentaron los eventos del ministerio de Jesús en diferente orden, según sus observaciones y recuerdos. Luego, cada uno adaptó sus respectivos Evangelios a los trasfondos y necesidades de audiencias específicas. Por lo tanto, no tenemos ni una lista exhaustiva ni una cronología precisa de los eventos que formaron parte del ministerio de Jesús. Pero sí conocemos los eventos clave, como por ejemplo cómo Jesús sanó a muchos ciegos, sordos, mudos, cojos y leprosos, resucitó a varias personas de entre los muertos, alimentó al menos a dos grandes grupos de discípulos y enseñó a las multitudes, que iban desde sus propios apóstoles hasta muchos miles a la vez. Entre estos eventos clave se encuentran sus sanaciones masivas, en las cuales "sanó a todos los enfermos" (Mateo 8:16).

Jesús parecía hacer un esfuerzo especial para desafiar a los líderes religiosos de su época. Realizó varios milagros en el día de reposo, lo que para la élite parecía ser una violación flagrante de las leyes judías. En varias ocasiones, sus enseñanzas fueron un ataque directo a las prioridades equivocadas de este grupo y a los malentendidos de la Ley.

Sin embargo, Jesús les estaba haciendo ver que estaban demasiado centrados en la literalidad de la Ley y no habían captado la intención del corazón de Dios.

A través de todos estos milagros y enseñanzas, el enfoque principal de Jesús estaba en el discipulado de los doce apóstoles que eligió, preparándolos para continuar su obra después de su partida.

LA CRUCIFIXIÓN DE JESUCRISTO

¿En qué parte de la Biblia se encuentra este evento? En Mateo 27, Marcos 16, Lucas 24, y Juan 20.

Después de aproximadamente tres años de ministerio, durante los cuales enseñó a los apóstoles sobre el Reino de Dios, el Espíritu Santo y el verdadero significado de las leyes de Dios, los líderes religiosos judíos ya habían tenido suficiente. Por esta razón, idearon un plan para eliminar a Jesús, pensando que eso resolvería todos sus problemas.

Después de que Jesús compartió la cena de la Pascua Judía con sus apóstoles en Jerusalén, los sacerdotes convencieron a los romanos de arrestar a Jesús y luego crucificarlo. El gobernador romano, Poncio Pilato, sentía que Jesús no había cometido ningún crimen que mereciera la muerte, pero cedió ante la multitud que lo abucheó e insistió en la muerte de Jesús.

Jesús fue crucificado, lo cual era la forma de ejecución más cruel jamás concebida. Esto sucedió en una colina llamada Gólgota a las afueras de Jerusalén, junto a dos ladrones. Mientras que una crucifixión normal podía permitir que la víctima sufriera en agonía durante días, Jesús murió solo seis horas después de ser clavado en la cruz. Su cuerpo fue reclamado por José de Arimatea, bajado de la cruz antes del atardecer y sepultado en una tumba prestada en un jardín cerca del lugar de la crucifixión. Todo esto sucedió en el día de preparación, es decir, el día antes del Sábado de Pascua.

LA RESURRECCIÓN DE JESUCRISTO

¿En qué parte de la Biblia se encuentra este evento? En Mateo 28, Marcos 16, Lucas 14, y Juan 20

El día después del sábado era el primer día de la semana para los judíos. Ese día, temprano en la mañana, algunas de las mujeres del grupo de discípulos de Jesús fueron a la tumba en el jardín para terminar de preparar su cuerpo para el entierro. Habían tenido prisa el día en que fue crucificado y no pudieron completar la preparación en ese momento, así que regresaron para terminar su trabajo. Pero cuando llegaron, encontraron la tumba abierta y vacía: ¡el cuerpo de Jesús no estaba allí! Los ángeles les dijeron a las mujeres que Jesús había resucitado de entre los muertos y se encontraría con sus discípulos en Galilea más tarde ese día. Entonces, las mujeres regresaron a casa y le contaron al resto de los discípulos lo que habían encontrado.

Jesús se apareció a sus discípulos varias veces y a un gran grupo de al menos 500 personas en los cuarenta días posteriores a su resurrección. Él les demostró quién era permitiéndoles ver y tocar sus heridas y comiendo con ellos.

LA ASCENSIÓN DE JESUCRISTO

¿En qué parte de la Biblia se encuentra este evento? En Mateo 28, Marcos 16, Lucas 24, y Juan 20.

Cuarenta días después de que Jesús resucitó de entre los muertos, les dio a sus discípulos algunas instrucciones finales, incluyendo la directiva de esperar en Jerusalén al Espíritu Santo prometido que los capacitaría para ser sus testigos en todo el mundo. Luego ascendió al cielo en una nube en presencia de sus discípulos.

LA IGLESIA

¿En qué parte de la Biblia se encuentra este evento? En Hechos 2.

Los discípulos esperaron obedientemente como Jesús les había indicado, y en el día de Pentecostés, que ocurrió cincuenta días después de la Pascua en el calendario judío, esperaban pacientemente lo que Jesús había prometido. El Espíritu Santo entró en la habitación donde estaban esperando y llenó a cada uno de ellos, dándoles el don de lenguas que les permitiría predicar a todas las personas en Jerusalén, incluyendo a aquellos que eran extranjeros y no hablaban hebreo o griego.

Este evento es considerado el nacimiento de la Iglesia del Nuevo Testamento. Después de llenarse del Espíritu Santo, los discípulos salieron a hablarle la multitud y les contaron que Jesús era el Mesías prometido. Pedro predicó a la multitud y vio a 3000 personas salvarse al mismo tiempo.

Los seguidores de Jesús hablaban acerca de Él a todo el mundo, y muchos más se unieron a sus filas. Comenzaron a reunirse en casas y en sinagogas judías para estudiar las enseñanzas de Jesús presentadas por los apóstoles, para compartir comidas, orar y disfrutar de la comunión con otros creyentes.

Los líderes religiosos pensaron que sus problemas habían terminado cuando crucificaron a Jesús, pero estaban equivocados. Los seguidores de Jesús causaron mucha frustración y confusión a los líderes religiosos, quienes procedieron a perseguir a los cristianos. Esta persecución hizo que los cristianos se dispersaran por todo el Medio Oriente, Europa, Asia y África, donde contaron a otros el Evangelio (las buenas nuevas de Jesús) en cada lugar al que llegaban. La iglesia se expandió como un incendio forestal: era imparable. Durante los primeros setenta años después de la resurrección de Jesús, los apóstoles y sus asociados escribieron los libros que se convirtieron en nuestro Nuevo Testamento. Para principios del siglo IV d.C., la iglesia de

Jesucristo no solo había sido aceptada por el Imperio Romano, sino que fue declarada la religión oficial del Imperio.

La Iglesia cristiana se ha extendido por todo el mundo, y hoy en día alrededor de un tercio de todas las personas vivas en la Tierra afirman ser cristianas.

LOS ÚLTIMOS TIEMPOS

Los eventos de los Últimos Tiempos se describen en muchos pasajes tanto en el Antiguo Testamento como en el Nuevo Testamento. Reunirlos en una línea de tiempo coherente ha sido el trabajo de toda la vida de muchos eruditos y todavía se debate acaloradamente.

Hay al menos cuatro puntos de vista principales sobre los Últimos Tiempos:

1. Premilenarismo dispensacional
2. Premilenarismo histórico
3. Amilenarismo
4. Posmilenarismo

Algunos de ellos se subdividen aún más, pero no hay consenso entre los creyentes en cuanto al orden preciso de esos eventos. A excepción del Milenio, los eventos que se describen a continuación están incluidos en las cuatro perspectivas. Se enumeran aquí en el orden conocido como "Pretribulación—Premilenarismo", que es la perspectiva más popular de los siglos XX y XXI.

1. El Rapto (1 Tesalonicenses 4:15–17):
   En algún momento antes de la Tribulación, Cristo regresará para arrebatar a aquellos que han muerto en Su nombre y a aquellos que están vivos y son creyentes. Este será un evento repentino y dramático, y dejará al mundo

incrédulo, rascándose la cabeza y preguntándose a dónde fueron todos los cristianos.

2. La Tribulación (Apocalipsis 6 al 18):

Después de que los cristianos sean llevados en el rapto, las personas que queden en la tierra experimentarán siete años de tribulación o problemas. Durante este tiempo, el mundo entero experimentará un trauma sin igual, y el anticristo será revelado por quien es.

3. La Segunda Venida de Jesucristo (Mateo 24):

Al final de los siete años de tribulación, Cristo regresará a la tierra para establecer su reino milenario.El Milenio (Apocalipsis 20:4–6):

Mientras esté en la tierra, Cristo establecerá un reino de mil años y reinará allí. Durante este tiempo, el diablo estará atado, pero las personas serán libres de seguir a Cristo o de rebelarse contra Él y hacer lo que deseen.

4. El Juicio (Apocalipsis 20:11–15):

Después del milenio, todas las personas que queden en la tierra y todas las que habían muerto antes serán juzgadas por Cristo. Aquellos que hayan aceptado Su perdón y salvación serán bienvenidos al Cielo con Cristo y recibirán coronas de acuerdo con sus obras en la tierra después de su salvación. Aquellos que rechazaron a Cristo y Su perdón serán juzgados según sus obras y hallados culpables. Serán arrojados a un lago de fuego para recibir el castigo eterno. El diablo, el anticristo y los demonios también serán arrojados al mismo lago de fuego para castigo eterno.

5. El Nuevo Cielo y la Nueva Tierra (Apocalipsis 21:1–8): Una vez que el juicio de Dios esté completo, Cristo destruirá y recreará el Cielo y la Tierra. Estos serán nuevos y perfectos y serán la morada permanente de Dios y de todos los creyentes.

Preguntas para debatir

1. ¿Qué opinas de esta declaración, que se dice fue escrita por Agustín de Hipona a finales del siglo IV d.C.?: "El Antiguo (Testamento) se revela en el Nuevo (Testamento), y el Nuevo se oculta en el Antiguo".

_____

_____

_____

_____

_____

_____

_____

_____

_____

_____

_____

_____

_____

_____

_____

_____

_____

_____

_____

_____

2. ¿Qué eventos presentados en el Nuevo Testamento te parecen más significativos? ¿Por qué?

_____

_____

_____

_____

_____

_____

_____

_____

_____

_____

_____

_____

_____

_____

_____

_____

_____

_____

_____

_____

3. ¿Cómo conciliar las diferencias entre los relatos de la vida y el ministerio de Jesús en los cuatro Evangelios?

_____

_____

_____

_____

_____

_____

_____

_____

_____

_____

_____

_____

_____

_____

_____

_____

_____

_____

_____

_____

4. ¿Qué personajes del Nuevo Testamento te llaman la atención? ¿Por qué?

_____

_____

_____

_____

_____

_____

_____

_____

_____

_____

_____

_____

_____

_____

_____

_____

_____

_____

_____

5

～

¿Qué hay de las traducciones de la Biblia?

El texto original del Antiguo Testamento fue escrito en hebreo antiguo y arameo. El texto original del Nuevo Testamento fue escrito en griego koiné, el idioma del pueblo de Israel y de la mayor parte del Imperio Romano en el primer siglo.

Pocas personas hoy en día pueden leer y entender alguno de estos idiomas, por lo que debemos tener la Biblia en nuestro propio idioma nativo para poder usarla de manera efectiva. En esta sección, examinaremos cómo obtuvimos nuestras Biblias actuales en inglés y Espanol. También discutiremos por qué hay tantas traducciones para elegir y cómo escoger una para su uso personal.

Historia de la traducción de la Biblia

La Biblia, en todas sus partes, fue escrita originalmente en el lenguaje del pueblo. No fue escrita en el lenguaje formal usado por los gobernantes políticos o por los líderes religiosos; fue escrita para y por el pueblo. La Biblia Hebrea fue escrita para el pueblo hebreo, los descendientes de Israel, hijo de Jacob, hijo de Isaac, hijo de Abraham. El Nuevo Testamento fue escrito para los cristianos del primer siglo, muchos de los cuales eran judíos devotos que habían aceptado a Cristo y estaban creciendo en su fe.

Dado que la Biblia Hebrea fue escrita mucho antes que el Nuevo Testamento, comenzaremos por el principio.

TRADUCCIONES DE LA BIBLIA HEBREA

Como se mencionó en una lección anterior, la Biblia Hebrea o Tanaj fue escrita por unos veintiocho autores a lo largo de un período de aproximadamente 1100 años, desde el 1500 a. C. hasta el 400 a. C. Si bien no tenemos ninguno de los documentos originales escritos por los autores originales del Tanaj, sí tenemos una multitud de copias y fracciones de copias que fueron producidas por los escribas hebreos durante los años anteriores al nacimiento de Jesús. Todos los documentos que tenemos están escritos en el idioma hebreo antiguo o bíblico y en el idioma arameo antiguo o bíblico. La mayor parte de los documentos del Tanaj están escritos en hebreo, pero algunos capítulos de Esdras y Daniel, así como un versículo de Jeremías, fueron escritos en arameo. El hebreo y el arameo formaban parte de un grupo más amplio de lenguas semíticas que se hablaban en todo el Medio Oriente en esa época.

Según la tradición judía, el Tanaj fue traducido por primera vez del hebreo y el arameo al griego koiné por setenta (o setenta y dos) traductores que trabajaron simultáneamente en un período de tiempo milagrosamente corto. Esta tradición es la base del nombre de la traducción: Septuaginta o LXX, que significa "setenta". Sin embargo, los historiadores están convencidos de que la traducción tardó hasta un siglo en completarse, comenzando en algún momento entre el 300 a. C. y el 100 a. C. En cualquier caso, la razón de la traducción fue que Alejandro Magno había conquistado la mayor parte del mundo conocido y, en particular, había conquistado Israel y los países circundantes alrededor del 330 a. C. Como parte de su dominio sobre las tierras conquistadas, impuso el idioma griego y gran parte de la cultura griega a todos los pueblos de las tierras que conquistó. El pueblo de Israel adoptó el idioma griego y muchas prácticas culturales griegas. El idioma griego se volvió tan prevalente que, en un plazo de 50 a 100 años, muchos de los habitantes de Israel habían perdido su fluidez en hebreo y arameo y apenas podían leer el Tanaj. Esta primera traducción del Tanaj se hizo con el propósito expreso de permitir que los judíos de habla griega pudiesen leerlo sin tener que aprender hebreo y arameo.

En los tiempos en que Jesús nació, la Septuaginta era la versión más común del Tanaj en uso en Israel. Cuando Jesús citaba el Tanaj, citaba la versión de la Septuaginta.

TRADUCCIONES DEL NUEVO TESTAMENTO

Con la traducción del Tanaj al griego koiné para la época del nacimiento de Jesús y al igual que los libros del Nuevo Testamento escritos originalmente en este idioma, toda la Biblia cristiana, el Antiguo y Nuevo Testamento como los conocemos ahora, estaban disponibles para las iglesias cristianas a mediados del siglo IV d.C. Había copias limitadas porque todos estos libros tenían que ser copiados a mano, ya que no habría imprenta por otros 1400 años. Pocas personas podían permitirse tener su propia copia por la misma razón. Pero la mayoría de las iglesias tenían al menos una parte de la Biblia para leer a su gente.

TRADUCCIONES DE LA BIBLIA COMPLETA

Las iglesias crecieron a medida que el cristianismo se extendió por todo el Imperio Romano e incluso hacia el este, hacia la India y China. Por su parte, la iglesia en Roma comenzó a ser reconocida como la iglesia más prominente de toda la cristiandad. Luego, en el año 382 d.C., un teólogo llamado Jerónimo realizó la traducción de toda la Biblia al latín, el idioma de Roma y del Imperio Romano. Jerónimo había sido comisionado por el obispo de Roma para producir esta traducción, y tradujo diligentemente todos los documentos griegos al latín. Esta traducción latina se conoce como la Vulgata, ya que no fue traducida al latín formal del gobierno, sino a la lengua común o "vulgar" de la población. Para el año 600 d.C., esta era la traducción oficial y única utilizada por la Iglesia Romana, y mantuvo esa posición durante más de 1000 años.

En el siglo XVI, la Reforma Protestante, liderada por Martín Lutero en Alemania, causó revuelo en la Iglesia Romana al desafiar muchas de sus creencias y prácticas. Entre los desacuerdos entre la Iglesia y los reformadores estaba la idea de que la Biblia debería estar disponible para todos en su idioma nativo. La mayoría de las personas en Europa no podían leer latín, por lo que estaban a merced de los sacerdotes para que les leyeran y explicaran lo que significaban las Escrituras. Martín Lutero y otros querían cambiar eso. Ya había habido algunos intentos de traducir la Biblia al inglés, pero fueron rechazados por la Iglesia, y los traductores (John Wycliffe, William Tyndale y otros) fueron perseguidos y ejecutados por la Iglesia por sus esfuerzos. Martín Lutero tradujo el Nuevo Testamento al alemán en 1522, también en oposición a las políticas oficiales de la Iglesia.

La invención de la imprenta en el año 1455 d.C. lo cambió todo.

Ya no era necesario copiar laboriosamente la Biblia a mano, sino que podía imprimirse de manera fácil y relativamente barata. De repente, todas las iglesias e incluso la mayoría de las personas podían tener su propia copia de la Biblia. Pero el idioma de la Biblia seguía siendo un problema. La necesidad de una Biblia en el idioma del pueblo se convirtió en una fuerza abrumadora a la que ni siquiera la Iglesia pudo resistirse.

TRADUCCIONES AL INGLÉS

Varias personas hicieron traducciones parciales de la Biblia al inglés, comenzando con John Wycliffe en el siglo XIII. Ninguno de ellos estuvo fácilmente disponible hasta después de la invención de la imprenta a mediados del siglo XV. Para 1539, la "Gran Biblia", originalmente reconocida por su enorme tamaño, se convirtió en la primera Biblia en inglés oficialmente autorizada (en Inglaterra) para uso público. Le siguió la Biblia de Ginebra en 1560, la Biblia de los Obispos en 1568 y la Biblia del Rey Jacobo en 1611. Esta versión del Rey Jacobo (o autorizada) fue la principal Biblia utilizada por los cristianos de habla inglesa durante al menos 300 años.

A partir del año 1900 aproximadamente, se produjo y publicó una rápida sucesión de nuevas traducciones de la Biblia al inglés. Estas incluyeron la Versión Estándar Americana en 1901, la Nueva Biblia Estándar Americana en 1971, la Nueva Versión Internacional en 1973, la Nueva Biblia del Rey Jacobo en 1982 y la Versión Estándar en Inglés en 2002. Hoy en día, hay al menos sesenta versiones diferentes de la Biblia en inglés de fácil acceso para el público, y el número sigue creciendo. La tabla que se presenta a continuación enumera la mayoría de las versiones en inglés de la Biblia disponibles en la actualidad.

Versiones de la Biblia en inglés disponibles hoy en día	
American Standard Version (ASV)	Amplified Bible (AMP)
Christian Standard Bible (CSB)	Common English Bible (CEB)
Complete Jewish Bible (CJB)	Contemporary English Version (CEV)
Darby Translation (DARBY)	Disciples' Literal New Testament (DLNT)
Douay-Rheims American Edition (DRA)	Easy-to-Read Version (ERV)
Evangelical Heritage Version (EHV)	English Standard Version (ESV)
Expanded Bible (EXB)	God's Word Translation (GW)
Good News Translation (GNT)	International Children's Bible (ICB)
International Standard Version (ISV)	J. B. Phillips New Testament (PHILLIPS)
Jubilee Bible 2000 (JUB)	King James Version (KJV)
Lexham English Bible (LEB)	Living Bible (TLB)
The Message (MSG)	Modern English Version (MEV)
Names of God Bible (NOG)	New American Bible (NABRE)
New American Standard Bible (NASB)	New Catholic Bible (NCB)
New Century Version (NCV)	New English Translation (NET)
New International Reader's Version (NIRV)	New International Version (NIV)
New King James Version (NKJV)	New Life Version (NLV)
New Living Translation (NLT)	New Matthew Bible (NMB)
New Revised Standard Version (NRSV)	New Testament for Everyone (NTE)
Orthodox Jewish Bible (OJB)	Revised Geneva Translation (RGT)
Revised Standard Version (RSV)	Tree of Life Version (TLV)
The Passion Translation (TPT)	The Voice (VOICE)
World English Bible (WEB)	Worldwide English (WE) (Solo en el Nuevo Testamento)
Wycliffe Bible (WYC)	Young's Literal Translation (YLT)

Versiones en inglés de la Biblia disponibles en
BibleGateway.com

TRADUCCIONES AL ESPAÑOL

Una de las primeras traducciones de la Biblia al español la realizó Moisés Arragel, el rabino de la comunidad judía de la provincia española de Toledo. Tradujo la Biblia Hebrea al castellano durante un período de ocho años, finalizando en 1430. La primera Biblia completa traducida al español fue realizada por Casiodoro de Reina y revisada por Cipriano de Valera. Fue publicada en 1569 y se conoce como la versión Reina-Valera. Es la Biblia en español clásica y más popular y todavía se usa en la actualidad. Ha sido revisada numerosas veces, pero se considera el equivalente en español de la versión inglesa King James de la Biblia. Pero la versión Reina-Valera no es la única versión en español de la Biblia que se usa hoy en día. Todas estas traducciones están disponibles en línea en BibleGateway.com:

Biblia en español
Versiones disponibles hoy
La Biblia de las Américas (LBLA)
Biblia del Jubileo (JBS)
Dios Habla Hoy (DHH)
Nueva Biblia de las Américas (NBLA)
Nueva Biblia Viva (NBV)
Nueva Traducción Viviente (NTV)
Nueva Versión Internacional (Castilian) (CST)
Nueva Versión Internacional (NVI)
Palabra de Dios para Todos (PDT)
La Palabra (España) (BLP)
La Palabra (Hispanoamérica) (BLPH)
Reina Valera Actualizada (RVA-2015)
Reina Valera Contemporánea (RVC)
Reina-Valera 1960 (RVR1960)
Reina Valera Revisada (RVR1977)
Reina-Valera 1995 (RVR1995)
Reina-Valera Antigua (RVA)
Spanish Blue Red and Gold Letter Edition (SRV-BRG)
Traducción en lenguaje actual (TLA)

Versiones en español de la Biblia disponibles en
BibleGateway.com

Preguntas para debatir

1. ¿Por qué la iglesia era tan reacia a permitir que la Biblia se tradujera a cualquier otro idioma que no fuera el latín?

_____

_____

_____

_____

_____

_____

_____

_____

_____

_____

_____

_____

_____

_____

_____

_____

_____

_____

_____

2. ¿Es importante para ti que la Biblia esté disponible en tu idioma nativo?

_____

_____

_____

_____

_____

_____

_____

_____

_____

_____

_____

_____

_____

_____

_____

_____

_____

_____

_____

3. ¿Qué opinas sobre el concepto de que la iglesia sea el único intérprete de la Biblia, como lo era antes de la Reforma Protestante?

_____

_____

_____

_____

_____

_____

_____

_____

_____

_____

_____

_____

_____

_____

_____

_____

_____

¿Por qué existen tantas traducciones?

Traducir cualquier documento o libro de un idioma a otro no es un proceso fácil. Requiere que ambos idiomas tengan alfabetos escritos y un vocabulario definido. A su vez, que los traductores dominen tanto el idioma original (de origen) como el idioma de destino (meta). Requiere una comprensión profunda de los significados de las palabras en ambos idiomas y también la disciplina y compromiso que hace que un traductor se mantenga en el proyecto hasta su finalización. Las traducciones de la Biblia generalmente tardan al menos dos años en completarse.

Además de los requisitos técnicos de alguien capaz de traducir la Biblia, ha habido objeciones por parte de líderes religiosos que obstaculizaron los esfuerzos iniciales para traducir la Biblia del latín a cualquiera de los idiomas comunes.

Antes del siglo XVII, la Biblia ya había sido traducida de sus idiomas originales hebreo, arameo y griego al latín. El Papa Dámaso patrocinó una traducción al latín alrededor del año 380 d.C., ya que que era el idioma oficial de Roma. En consecuencia, la Biblia completa fue traducida al latín por San Jerónimo. La primera edición estuvo disponible en el año 382 d.C., pero San Jerónimo continuó revisándola a lo largo de los años y la edición final se completó a principios del siglo V d.C. Alrededor del año 600 d.C., la iglesia declaró que el latín era el único idioma permitido para las Escrituras. La traducción de Jerónimo se conoció como la Vulgata Latina y fue la Biblia oficial de la iglesia durante más de 1000 años.

Las cosas comenzaron a cambiar y, en el año 1382 d.C., John Wycliffe publicó la primera traducción completa de la Biblia al inglés. Fue escrita a mano e incluía no solo los sesenta y seis libros del Antiguo y Nuevo Testamento, sino también otros catorce libros ahora conocidos como los Apócrifos, libros considerados menos que inspirados por Dios, pero de valor para el lector cristiano. Wycliffe estaba en desacuerdo con la iglesia en muchos frentes, incluida su creencia de que las Escrituras deberían estar disponibles en el idioma común de la gente. Wycliffe murió en 1384, pero en 1415 la iglesia lo declaró hereje y prohibió la lectura o distribución de sus escritos, incluida su traducción de la Biblia. Incluso decretaron que sus escritos debían ser quemados y destruidos para siempre. Además, decretaron que sus restos corporales debían ser removidos de tierra consagrada. Así que finalmente, en 1428, sus restos fueron desenterrados y quemados. Las cenizas se esparcieron en el río que fluye a través de la ciudad natal de Wycliffe.

La iglesia continuó reaccionando violentamente contra cualquier traducción de la Biblia a un idioma común, pero los rebeldes continuaron traduciendo la Biblia al inglés, alemán, holandés y otros idiomas. Lo que más ayudó a estos intentos de traducción fue la invención de la imprenta en 1455. La invención de Gutenberg transformó la comunicación masiva de una manera que nadie anticipó. En 1526, la primera Biblia impresa en inglés fue una traducción hecha por William Tyndale. Otras le siguieron en 1525, 1537 y 1539. La Biblia de Ginebra se publicó en 1560 y fue la primera Biblia en inglés con capítulos y versículos numerados. Fue seguida en 1568 por la Biblia de los Obispos, que fue la base para la Biblia del Rey Jacobo. En 1582, la iglesia finalmente abandonó su edicto de "solo latín" y permitió que se publicaran otras traducciones, y en 1609, publicaron la primera traducción católica al inglés conocida como la Biblia Douay-Reims, que todavía está en uso.

Pero ¿por qué la iglesia se había opuesto a que la Biblia estuviera disponible en el idioma nativo de los creyentes? La iglesia en ese momento sostenía que eran los únicos guardianes de la fe y responsables de las almas de todos los creyentes. Como tales, eran responsables de preservar el texto de las Escrituras, así como de lo que se enseñaba a la gente. Sentían que tenían la única interpretación verdadera de las Escrituras. Temían que, si la gente tuviera la Biblia en su propio idioma, la gente interpretaría la Biblia por sí misma y, en muchos casos, lo haría de manera incorrecta, lo que resultaría en sectas, cismas e incluso herejías. Aquellos que presionaban para que la Biblia estuviera disponible para cada persona en su propio idioma reconocían el riesgo, pero sentían que había un mayor beneficio al traducir la Biblia a los idiomas comunes. Supuestamente, Lutero declaró: "El campesino con las Escrituras es más poderoso que el Papa más grande sin ellas". Obviamente, estaba atacando al Papa, pero honestamente sentía que dar la Biblia a la gente común en su propio idioma valía la pena el riesgo de división dentro de la iglesia.

Según la Alianza Global Wycliffe, en septiembre de 2021 había 7378 lenguas vivas conocidas en uso en todo el mundo. De estas, 717 tenían traducciones completas de la Biblia, otras 1582 tenían traducciones del Nuevo Testamento y otras 1196 tenían algunas porciones de la Biblia. Pero las 3883 lenguas restantes no tenían acceso a las Escrituras. En resumen, 5750 millones de personas tienen acceso a toda la Biblia en su lengua nativa, 830 millones tienen el Nuevo Testamento y 457 millones tienen porciones de las Escrituras. Sin embargo, 220 millones no tienen acceso a las Escrituras en su propia lengua.

En cuanto a las traducciones al inglés, actualmente existen aproximadamente 100 traducciones de la Biblia al inglés disponibles para el público en general. ¿Por qué somos bendecidos con tantas, y por qué siquiera necesitamos tantas traducciones en un solo idioma?

La respuesta se divide en varias partes. Primero, el inglés es una lengua viva, lo que significa que siempre está en transición. El English Oxford Dictionary es considerado el diccionario definitivo de la lengua inglesa. Una rápida verificación en línea indica que los editores del diccionario agregaron 1400 palabras nuevas en 2022 y 4200 palabras nuevas en 2021. Desde la época de la Biblia del Rey Jacobo en 1611 hasta ahora, el idioma inglés ha experimentado cambios dramáticos que afectan nuestro vocabulario e incluso los significados de muchas palabras. Los traductores de la Biblia siempre trabajan hacia la versión actual de un idioma, por lo que deben actualizar periódicamente sus traducciones para adaptarse a los cambios. Otro factor que afecta el número de traducciones es el público objetivo de los traductores. Traducir para profesores universitarios es una tarea muy diferente a traducir para adolescentes, y los resultados serán tan diferentes como las audiencias. Un estudio de las Biblias contemporáneas en inglés muestra niveles de lectura que varían desde el tercer grado (New International Reader's Version—NirV) hasta el duodécimo grado (King James Version—KJV) y prácticamente todos los niveles intermedios. Por último, los traductores utilizan diferentes métodos para traducir la Biblia, desde un método enfocado en la traducción palabra por palabra hasta un método enfocado principalmente en traducir pensamiento por pensamiento. El primer método intenta encontrar una palabra específica en inglés que coincida con la palabra en el idioma original de la Biblia (hebreo, arameo y griego). Esto es extremadamente difícil, incluso imposible para algunos pasajes, y produce un texto en inglés que, en el mejor de los casos, es torpe de leer. El segundo método intenta tomar ideas y pensamientos del texto fuente y traducirlos a ideas y pensamientos correspondientes en inglés. Esto produce una versión de la Biblia mucho más fácil de leer, pero sacrifica parte de la redacción precisa del original y el estilo poético de algunos pasajes. Aquí hay una guía aproximada del estilo de traducción de muchas traducciones contemporáneas de la Biblia al inglés. (Ten en cuenta también el número entre paréntesis después del nombre de cada traducción, que indica su nivel de lectura aproximado).

Preguntas para debatir

1. ¿Existe alguna ventaja en poseer y leer solo una traducción de la Biblia, o es mejor poseer y leer más de una traducción?

_____

_____

_____

_____

_____

_____

_____

_____

_____

_____

_____

_____

_____

_____

_____

_____

_____

_____

_____

_____

2. ¿Se deberían seguir produciendo nuevas traducciones de la
   Biblia al inglés, o los traductores deberían enfocarse más en
   aquellos idiomas que no cuentan con una versión de la Biblia?

¿Cuál es la mejor traducción para mí?

No hay una traducción que sea la mejor para todos. La elección es algo subjetiva, basada en qué tan bien lees y toleras palabras desconocidas. Algunas personas prefieren una traducción que se consideraría "precisa" pero más difícil de leer, mientras que otras preferirían una traducción que sea más legible pero que no se adhiera a la redacción exacta de las traducciones palabra por palabra. Otra consideración es qué deseas hacer con tu Biblia. ¿Es solo para leerla, para consultarla o para un estudio serio de la Biblia?

Aquí hay algunas pautas para elegir una traducción de la Biblia:

1. Elige una con el nivel de lectura más alto con el que te sientas cómodo. Por ejemplo, si tienes un nivel de lectura de octavo grado (típico de la población general de los Estados Unidos), entonces elige una con un nivel de lectura en el rango de séptimo a noveno grado. Elegir una con un nivel de lectura superior al tuyo puede aumentar tu nivel de lectura con el tiempo, pero te desafiará cada vez que abras tu Biblia para leerla. Además, podrías pasar mucho tiempo consultando un diccionario bíblico.

2. Elige una de las traducciones más recientes. Estas utilizan una terminología más contemporánea que las antiguas y, por lo tanto, son más fáciles de entender. Las traducciones más antiguas, especialmente King James Version, usan muchos términos obsoletos que ya no se usan comúnmente en las iglesias de hoy o en el mundo en general. Esto obstruye el objetivo principal de leer y estudiar la Biblia, que es entenderla.

Después de elegir qué traducción usar, te enfrentarás a otra abrumadora cantidad de opciones por las que decidirte. Una de estas opciones es elegir una edición de la Biblia, lo que indicará cómo se formatea el texto de la traducción y qué otros materiales se incluyen en la versión física del texto.

1. Elige una edición de la traducción que esté diseñada para el propósito que tienes en mente para tu Biblia. Algunas ediciones se comercializan como "Biblias para lectores", y no incluyen números de capítulo, números de versículo, notas al pie de página ni materiales de referencia. Algunas son ediciones simples de solo texto, que contienen el texto completo de la traducción elegida, con números de capítulo y versículo, pero sin notas complementarias al pie de página, referencias cruzadas ni comentarios. Otras se llaman "Biblias de referencia", las cuales incluyen el texto completo, números de capítulo y versículo, notas al pie de página y mapas, pero ningún otro material de estudio. Y luego están las "Biblias de estudio", que son un híbrido entre una Biblia con el texto completo de la traducción, números de capítulo y números de versículo, y algunas notas de estudio de un predicador, teólogo u organización venerados. Las Biblias de estudio tienden a ser tomos grandes que son incómodos de llevar y son más adecuados para usar en un escritorio.

2. Finalmente, elige un material para la cubierta, la encuadernación y un conjunto de otras opciones que sean importantes para ti. El material de la cubierta puede variar desde tapa dura (el más barato) hasta otros más costosos, como cuero, cuero de búfalo de agua y piel de cabra. La encuadernación, es decir, cómo se mantienen unidas las páginas dentro de la cubierta, puede describirse como "pegado rústico", "sin costura", "cosida a mano" o "con borde" en orden creciente de durabilidad y precio. Las otras opciones incluyen cosas como dejar las "palabras de Cristo en rojo", que contenga un "índice", "en dorado", "cintas" o "grabar" su nombre en la cubierta. Elige las opciones que te atraigan y estén dentro de tu presupuesto.

Vale la pena señalar en este punto que la compra de una Biblia no es un evento único. Las estadísticas nos dicen que la mayoría de los cristianos poseen alrededor de nueve Biblias y desean más. La verdad del asunto es que a medida que progreses en tu fe y camino cristiano, descubrirás una nueva traducción, una edición o un conjunto diferente de opciones que te atraigan, y de esta forma añadirás una nueva Biblia a su colección.

Preguntas para debatir

1. ¿Cuántas traducciones de la Biblia posees?

_____

_____

_____

_____

_____

_____

_____

_____

_____

_____

_____

_____

_____

_____

_____

_____

_____

_____

_____

_____

_____

2. ¿Cuál es tu traducción favorita? ¿Por qué?

_____

_____

_____

_____

_____

_____

_____

_____

_____

_____

_____

_____

_____

_____

_____

_____

_____

_____

_____

_____

3. ¿Cuáles son los factores más importantes para ti al seleccionar una nueva Biblia?

_____

_____

_____

_____

_____

_____

_____

_____

_____

_____

_____

_____

_____

_____

_____

_____

_____

_____

_____

4. ¿Qué consejo le darías a un amigo que desee comprar una nueva Biblia?

_____

_____

_____

_____

_____

_____

_____

_____

_____

_____

_____

_____

_____

_____

_____

_____

_____

_____

_____

_____

6

~

Referencias

1. "The Chicago Statement on Biblical Inerrancy". Chicago Biblical Inerrancy Statement | Moody Bible Institute. Consultado el 6 de mayo de 2024. https://www.moodybible.org/beliefs/the-chicago-statement-on-biblical-inerrancy/.
2. La declaración oficial del Smithsonian se puede obtener solicitándola a: Anthropology Outreach Office, Department of Anthropology, National Museum of Natural History MRC 112, Smithsonian Institution, Washington, DC 20560.
3. 1 Macabeos 1:56–57, Dios Habla Hoy (DHH).
4. Hurst, John F. 1897, "History of the Christian Church. Vol. 1. New York, NY: Eaton & Mains.
5. Schroeder, H. J. 1950. "Canons and Decrees of the Council of Trent.: St. Louis, Mo: B. Herder.

7

~

Notas

_____

_____

_____

_____

_____

_____

_____

_____

_____

_____

_____

_____

_____

_____

_____

Notas

_____

_____

_____

_____

_____

_____

_____

_____

_____

_____

_____

_____

_____

_____

_____

_____

_____

_____

_____

_____

_____

_____

Notas

Notas

Notas

Notas

Notas

Notas

Notas

Notas

Notas

Notas

Notas

Notas

Notas

Sobre el autor

Allen W. Baker es nativo de Texas pero ha vivido la mayor parte de su vida en el noroeste de Arkansas. Obtuvo su licenciatura en Ciencias en 1971 y su Maestría en Ciencias en 1973, ambas en Ingeniería Eléctrica de la Universidad de Arkansas.

Después de la universidad, Baker trabajó como ingeniero de comunicaciones en la Fuerza Aérea de los Estados Unidos durante 15 años. Durante esos años, él y su familia estuvieron destinados en Colorado, Alemania Occidental y Houston, Texas, y ascendió de segundo teniente a mayor. Después de dejar la Fuerza Aérea en 1988, desempeñó un papel similar como funcionario en el Centro Espacial Johnson de la NASA durante 11 años, trabajando en el diseño operativo de la Estación Espacial y desarrollando bases de datos en el Departamento de Sistemas de Información. Se jubiló de su puesto en el Servicio Civil en 1998 y regresó al Noroeste de Arkansas, donde cambió de carrera y se convirtió en profesor universitario. Ha impartido cursos de Ciencias de la Computación en la Universidad de Arkansas durante ocho años y en el Northwest Arkansas Community College durante 14 años.

Fuera de su carrera profesional, Allen ha servido en cinco iglesias en Colorado, Alemania Occidental, los suburbios de Houston y el noroeste de Arkansas como diácono, conductor de autobús, editor, ingeniero ministerial de televisión, recibidor y maestro de clases para adultos. Más recientemente, desarrolló un plan de estudios de discipulado para nuevos cristianos y formó un nuevo ministerio para supervisar el desarrollo, producción y distribución de materiales de discipulado para iglesias y estudios bíblicos individuales.

Allen y su esposa Denise han estado casados durante 50 años y han criado a tres hijos que ahora son adultos y sirven al Señor con sus propias familias. Tienen seis nietos maravillosos. Allen y Denise han vivido en Arkansas, Colorado, Texas y Alemania Occidental, pero consideran que el noroeste de Arkansas es su hogar. Allen disfruta de las reuniones familiares, la buena comida, los buenos libros y las buenas películas.